ESTIMULA TU MEMORIA

Los trucos para que no se te olvide nada

Por Géraud Tassignon

Traducido por Laura Soler Pinson

Coaching en50MINUTOS.es

ESTIMULA TU MEMORIA

- **¿Problemática?** ¿Cómo hago para no perder el hilo de mis ideas durante una presentación? ¿O para recordar el nombre de esa persona que conocí en el último acontecimiento de *networking*? ¿Y para retener ese dato nuevo tan interesante sobre ese tema? ¿Qué técnicas desarrollo para mejorar mi memoria?
- **¿Utilidad?** En el día a día, la memoria nos sirve para aprender y retener mucha información. Por consiguiente, es fundamental que la cuidemos para optimizar nuestras facultades intelectuales.
- **¿Contexto profesional?** Presentación de un proyecto, de un producto; relaciones profesionales; eficacia profesional; bienestar en el trabajo.
- **¿Preguntas frecuentes?**
  - ¿Son normales los olvidos?
  - ¿Por qué algunos recuerdos no se olvidan?
  - ¿Todas las memorias son iguales?
  - ¿Por qué tengo que seguir aprendiendo en la era de internet?
  - ¿Cómo debo proceder para aprender más fácilmente?
  - ¿Cómo puedo ejercitar mi memoria?
  - Tiendo a olvidar rápidamente lo que acaban de decirme. ¿Cómo puedo poner remedio a esta situación?

La autoconciencia y la formación permanente definen en parte al género humano. Por supuesto, todo esto no sería posible sin esa facultad única que es la memoria. Sin embargo, todos hemos experimentado alguna vez sus límites:

te has encontrado con una cara conocida, pero su nombre se te escapa; has intentado recordar durante horas la identidad de un antiguo compañero de clase; siendo estudiante, te ha resultado difícil almacenar toda la información para los exámenes y, desgraciadamente, la historia se ha repetido durante tu última formación profesional. Incluso ahora, mientras lees estas líneas, todavía temes las malas pasadas que te pueden jugar tus neuronas.

Ninguno de los fenómenos que acabamos de describir es raro. ¡No somos robots! Y, afortunadamente, nuestra memoria no es infalible. No obstante, no te preocupes, ya que no hay que renunciar a nada y puedes seguir aprendiendo a cualquier edad. Con excepción de los casos médicos, no existe una memoria que sea mala en esencia. Y lo que es mejor, podemos encontrar sencillas maneras para desarrollar y mejorar nuestra memoria. Esta última resulta vital para el ser humano, ya que permite que aprendamos y nos adaptemos a lo largo de nuestra vida, y también que forjemos nuestra propia identidad. Por lo tanto, debemos brindarle toda nuestra atención para conservarla y sacar partido de su potencial.

En 50 minutos, aprende cómo funciona la memoria y sácale el mayor partido posible gracias a los consejos que encontrarás en este libro. Nuestros ejercicios, que pueden aplicarse en la vida diaria, te permitirán recobrar una total confianza en tus facultades cognitivas.

EL ABECÉ DE UNA MEMORIA INFALIBLE

¿QUÉ ES LA MEMORIA?

Su manera de funcionar

El término «memoria» define la capacidad de nuestro cerebro para analizar y almacenar información con el objetivo de restituirla más tarde. Disciplinas como la psicología y las neurociencias la han estudiado, lo que ha ayudado a esquematizar su funcionamiento en tres etapas:

- la codificación designa la fase de aprendizaje;
- el almacenamiento se corresponde con la ordenación de la información;
- cuando los datos se restituyen, se produce la recuperación.

Sin embargo, este proceso no se lleva a cabo de una sola manera. En efecto, todo lo que guarda relación con el lenguaje usa la memoria llamada «declarativa», mientras que la adquisición de competencias motoras apela a la memoria «procedimental». Además, existen tres tipos distintos de memoria que trabajan de manera conjunta para que la información se transmita y se codifique: la memoria sensorial, la memoria a corto plazo y la memoria a largo plazo. También hay que dividir la memoria entre las distintas partes del cerebro:

- el lóbulo occipital, relacionado con la visión;
- el lóbulo temporal, relacionado con el oído, el olfato y el

equilibrio;
- el lóbulo parietal, relacionado con el tacto;
- y, sobre todo, el lóbulo frontal, relacionado con el lenguaje, el movimiento y los pensamientos y razonamientos más complejos.

Por lo tanto, la palabra «memoria» se conjuga en plural. Cada uno de estos elementos se caracteriza por una duración de retención de la información y por una capacidad de almacenamiento diferentes.

Un mecanismo complejo que debe conjugarse en plural

- **La memoria sensorial** o registro sensorial permite interpretar la información que captamos gracias a nuestros cinco sentidos y recordarla durante unos segundos. Puede subdividirse en memoria icónica, vinculada a la visión, memoria ecoica, vinculada al oído, memoria olfativa, vinculada al olfato y, para acabar, memoria háptica, vinculada al tacto. Así, actúa como un filtro frente a la gran cantidad de estímulos a la que estamos expuestos, a menudo de manera inconsciente, y constituye una etapa obligatoria para el almacenamiento de información.
- **La memoria a corto plazo**, también llamada memoria de trabajo, retiene una información activa en nuestra mente de forma temporal durante el tiempo necesario para que la tarea se lleve a cabo, como marcar un número de teléfono. La capacidad de almacenamiento de esta memoria se limita a unos segundos y, una vez que la labor ha concluido, los datos se deteriorarán o se perderán.
- **La memoria a largo plazo** conserva por un tiempo

ilimitado la información más antigua que se considera la más importante. Puede dividirse entre memoria implícita y memoria explícita. La primera está ligada a los recuerdos de aprendizaje: andar en bicicleta sin que ello exija esfuerzos conscientes, por ejemplo. Por su parte, la segunda es el lugar de almacenamiento de los recuerdos propiamente dicho. La memoria explícita se divide entre memoria semántica, para los conocimientos generales, y la memoria episódica, para nuestros recuerdos personales. Por lo tanto, retenemos mucha información de manera inconsciente y solo nos viene a la mente una pequeña parte. Sin embargo, no olvides que esta memoria no es infalible.

Cómo funciona la memoria

Funcionamiento de la memoria

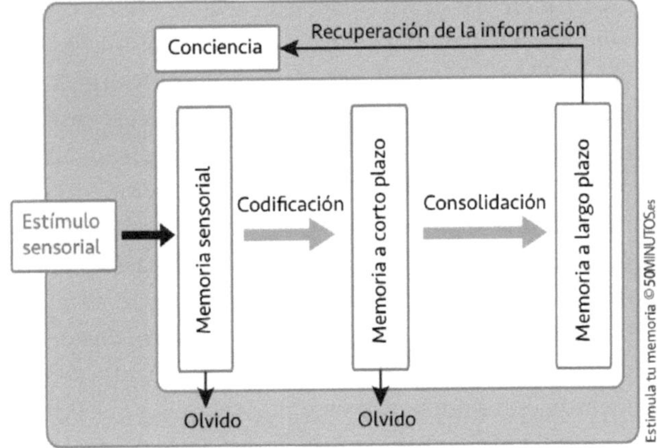

Es muy probable que, a lo largo de tu vida —y, principalmente, durante toda tu etapa académica—, hayas adoptado una metodología particular para retener información, incluso de manera inconsciente. Repeticiones cantando, representaciones mentales y trucos mnemotécnicos son algunos de los recursos eficaces que favorecen el aprendizaje. Sin embargo, ¿cómo podemos racionalizar estos pequeños «trucos»? ¿Cómo convertirlos en un proceso calculado, organizado y fiable para almacenar sistemáticamente los datos útiles? Desgraciadamente, no existe un *modus operandi* universal; cada uno debe encontrar su propio camino teniendo en cuenta sus capacidades, y este libro te ayudará a lograrlo.

Presentamos algunas técnicas sencillas que pueden completar tu estrategia personal y maximizar tu ritual de aprendizaje:

- Antes que nada, debes saber que solo retendrás un dato si tienes la intención de usarlo. Por lo tanto, es importante que encuentres un sentido a lo que deseas aprender. También debes saber, si no lo has descubierto ya, qué canal de entrada de información te conviene más, por ejemplo, entre memoria auditiva y visual.
- Intenta incrementar las referencias a ti mismo y a tu experiencia personal. En efecto, lo que los investigadores en psicología Rogers, Kuiper y Kirker llaman «autoesquemas» permite filtrar los datos que nos llegan. Actúa como un mecanismo de integración de la información

en relación a nosotros. Nuestra percepción de los datos depende de cómo concuerdan con la idea que tenemos de nosotros mismos. La autorreferencia es muy eficaz, ya que el «yo» define cómo se trata y estructura la información con respecto a nosotros mismos.

- Atrévete a usar los métodos mnemotécnicos, que resultan increíblemente eficaces. El cerebro humano está concebido para retener más fácilmente ideas concretas y figurativas que conceptos abstractos u oscuros.

PEQUEÑOS TRUCOS MNEMOTÉCNICOS

- Para retener una lista de palabras, imagina una historia en la que aparecen de manera sucesiva.
- Utiliza el método llamado «de los lugares», en el que imaginas un desplazamiento por un lugar familiar donde las distintas ideas que debes retener se suceden en cada habitación o en cada zona del lugar.
- Si tienes un alma de artista, de poeta o de cantante, ¡crea tus propios versos! No hay nada mejor que las rimas para recordar algo durante un largo tiempo.
- Intenta oponer palabras, ya que esto te permite contextualizar la información creando vínculos.
- Imagina una palabra con la primera letra de varias palabras que debes retener.

Por supuesto, los métodos mnemotécnicos no son una solución milagrosa para aprender, pero constituyen una estrategia clave para recordar algunos elementos puntuales dentro de un conjunto más amplio que ya ha sido comprendido y almacenado. Es una especie de salvavidas que puedes utilizar cuando te surgen dudas.

Despeja tu espacio físico y psicológico

A día de hoy, todavía resulta imposible efectuar un aprendizaje a largo plazo sin una cierta dosis de atención. Esta actúa como un filtro que aumenta el eco de la información: el cerebro solo se digna a retener la información que piensas utilizar.

Sin embargo, muy a menudo, el simple hecho de mantener la concentración no es suficiente para grabar una información en tu materia gris, incluso si te aíslas de todo lo que puede distraerte y alejarte de los caminos del aprendizaje. Para maximizar tus posibilidades, no dudes en practicar la meditación para facilitar tu concentración.

Durante nuestra infancia, todos nos hemos visto obligados a aprender poemas o textos que recitábamos con dificultad al día siguiente ante nuestros compañeros de clase. Por lo tanto, conocemos tanto la importancia del «de memoria» en el proceso de aprendizaje como sus límites. La repetición, oral y escrita, es fundamental para codificar información en nuestra memoria. Pero, cuidado, no te conviertas en un loro, ya que la repetición automática solo es útil para guardar los datos en la memoria a corto plazo y no permite integrarlos en la memoria a largo plazo. Para ello, debemos establecer vínculos entre la información que conservaremos y otros datos ya almacenados en la memoria a largo plazo. Los lazos que se crean de esta manera aportan un sentido que facilita la recuperación de la información. Así, resulta fundamental el grado de profundidad que otorgamos a la información. De hecho, este punto se encuentra en el centro de un experimento que llevaron a cabo los investigadores Craik y Tulving en 1975 en Toronto.

Otro punto que debemos recalcar es la extensión temporal. Un aprendizaje que se efectúe durante un largo periodo se integrará mejor que un aprendizaje realizado en un corto periodo de tiempo.

Para acabar, muchos de nosotros complementamos la concentración, la repetición y la extensión temporal con otras técnicas a las que hemos aludido anteriormente, como la agrupación de ideas, los procesos mnemotécnicos y las representaciones mentales.

UNA BUENA HIGIENE DE VIDA

Tu materia gris trabaja mientras duermes

En su artículo «*Vieillissement cognitif: le poids de la nuit*» («Envejecimiento cognitivo: el peso de la noche»), el doctor Philippe Lambert insiste en el estrecho vínculo que existe entre sueño y aprendizaje. Este último se vería alterado por un reposo de mala calidad.

Para empezar, está el cansancio propiamente dicho, relacionado con la falta de sueño, que perjudica la concentración y las facultades atencionales. Sin embargo, el mismo sueño también desempeña un papel en la consolidación de los procesos cerebrales. Por lo tanto, resulta fundamental dormir en unas condiciones óptimas y un número de horas suficiente para alcanzar la fase de sueño paradójico, que sería la única realmente capaz de consolidar nuestros conocimientos. En ese momento, el cerebro, que se ha deshecho de los estímulos externos, puede detenerse en los recuerdos a través de los sueños. Los trata, los organiza, los elimina o los refuerza.

Esta teoría ha sido demostrada por un gran número de investigadores a lo largo del tiempo. Entre los más famosos se encuentra el científico Francis Crick y su colega matemático Graeme Mitchison, cuya hipótesis desarrollada en 1983 en su artículo conjunto «The function of dream sleep» («La función de la fase del sueño») explica el papel de organización de los recuerdos que desempeña el sueño paradójico, caracterizado por la frecuencia y la intensidad de los sueños. Los sueños, principalmente activos durante esta fase, nos permitirían condensar nuestros pensamientos parásitos o nuestros falsos pensamientos en historias y de esta manera los eliminaríamos. Este planteamiento también se encuentra en el centro de las investigaciones de muchos otros investigadores, como el neurocientífico Jonathan Winson, que demostró en su artículo «The meaning of dreams» («El significado de los sueños», 1990) para la revista *Scientific American* que nuestros recuerdos se consolidan durante la fase de sueño paradójico. Aún hoy en día, los estudios de Alyson Mary y de Philippe Peigneux, doctorandos en la

Universidad Libre de Bruselas, demuestran que este proceso de consolidación varía entre los más jóvenes y los más mayores debido a la disminución del tiempo de sueño paradójico.

No obstante, no debemos pensar que podemos aprender mientras dormimos. El experimento que llevan a cabo en 1955 Charles Simon y William Emmons muestra que solo la somnolencia y la fase que separa a esta última del sueño permiten retener información. Sin embargo, no podremos almacenar ningún dato durante el sueño profundo, tal y como concluyen en «The non-recall of material presented during sleep» («La no recuperación del material presente durante el sueño»).

El deporte como medio para mejorar tu memoria

Es un secreto a voces: la práctica regular de una actividad deportiva tiene innumerables beneficios para la salud, pero lo más sorprendente es que también permite mejorar las capacidades cognitivas. Así, si quieres optimizarlas, intenta moverte con la mayor frecuencia posible. El primer beneficio del deporte es el de oxigenar el cerebro. También permite mejorar la calidad del sueño. Pero, sobre todo, permite conservar los automatismos de la actividad física, lo que permite liberar espacio cerebral para las actividades intelectuales. Dicho de otra manera, los deportistas tienen unos reflejos psicomotores mejores y, por lo tanto, experimentan menos dificultades a la hora de ejecutar tareas que exigen control o atención. En un estudio con roedores, se comprobó que la actividad física genera la producción de nuevas células mentales a nivel del hipocampo (estructura cerebral situada en el lóbulo temporal que desempeña un papel central en la memorización y en la localización espacial), que permitirán el desarrollo del cerebro y frenarán su envejecimiento.

Y lo que es más, la práctica de un deporte, aunque sea ocasional y no se prologue en el tiempo, mejoraría las capacidades de la memoria. En cualquier caso, así lo afirma un estudio del Instituto de Tecnología de Georgia (EE. UU.). Una sesión de esfuerzo físico de al menos veinte minutos entre las fases de aprendizaje mejoraría la integración de datos. Estos resultados se explicarían por la emisión hormonal de noradrenalina (compuesto orgánico que desempeña un papel en la transmisión de mensajes y que genera distintos efectos según los receptores que captarán esta sustancia) que tiene lugar durante la práctica deportiva.

Para acabar, el deporte desempeña un papel esencial en la lucha contra los trastornos psíquicos, como el estrés o la depresión, que perjudican seriamente la concentración.

Por lo tanto, el deporte no solo permite ejercitar la memoria, sino también mejorarla al tiempo que favorece el aprendizaje. Así, el famoso refrán «Quien no tenga cabeza, que tenga pies» tiene menos sentido que nunca.

¡Vigila tu alimentación!

Al igual que el sueño y el deporte, la alimentación constituye la punta de lanza de una buena higiene de vida y, por lo tanto, de una total posesión de nuestras capacidades cerebrales. Así, la desnutrición de los bebés durante el embarazo conlleva daños cerebrales graves que limitan sus facultades de atención y de concentración. Una alimentación sana y variada permite que el cerebro se desarrolle perfectamente durante la infancia. Por último, el abuso del alcohol, el consumo de grasas saturadas y el exceso de cafeína perjudican la calidad del sueño, por lo que influyen en nuestra concentración. Por el contrario, debemos optar por los alimentos ricos en vitaminas, como las frutas y las verduras, y los antioxidantes y las grasas poliinsaturadas, como los omega 3.

Además del fenómeno de la digestión, que altera la concentración, las grasas saturadas causan otros daños menos conocidos. Un estudio reciente de la revista *Brain, Behaviour and Immunity* destaca lo tóxica que resulta la grasa para el cerebro. Cuando se encuentran con una alimentación demasiado alta en calorías, los microgliocitos, es decir, la defensa inmunitaria activa del sistema nervioso central, ya no serían capaces de moverse y, por lo tanto, atacarían a las neuronas.

No existe un alimento milagroso: ¡solo el exceso es perjudicial! La combinación de una alimentación equilibrada y variada con la práctica regular de una actividad física permite que nos sintamos bien en nuestra piel y, en consecuencia, en nuestra mente. De manera indirecta, este sentimiento favorece la autoconfianza y la memorización.

LOS MEJORES CONSEJOS

Presentamos a continuación algunas buenas resoluciones sencillas y eficaces que podrás aplicar desde hoy mismo para que tu memoria se convierta en una auténtica maquinaria de guerra.

- Si tienes más bien una memoria oral/auditiva, intenta estudiar y releer en voz alta. Para practicar, tapa el tema y recítalo. Por el contrario, si tienes una memoria más bien visual, intenta plasmar el tema que estudias en un esquema o en un dibujo. Cierra los ojos e intenta recrearlo. Para terminar, si necesitas «vivir» el tema mientras lo estudias, significa que tienes una memoria de tipo kinestésico. Intenta hacer gestos, mímicas y muecas para acompañar el estudio.
- Aprende con la mayor frecuencia posible. Para mantener tu memoria, utilízala en cuanto se te presente la oportunidad: memoriza tu lista de la compra, conoce de memoria las fechas de cumpleaños de tus amigos, sus números de teléfono, etc.
- ¡Lee! En vez de mirar las noticias por la televisión, oblígate a leerlas todos los días en la prensa para que tus neuronas trabajen. Tras la lectura, comprueba si eres capaz de citar los hechos destacados y las personalidades que son noticia. Intenta recrear el esquema de cada artículo con la información principal. Esta es una forma ideal para ejercitar tu memoria en el día a día con sencillez.
- Interpreta la información en tu propia «lengua», con tus propios juegos de palabras y asociaciones de ideas. Si un dato te parece demasiado complicado, tradúcelo a tu

idioma.

- Ejercita tu concentración. Para mantener una atención plena y evitar distracciones, céntrate en la información. Algunos ejercicios de meditación pueden mejorar tu facultad de concentración.
- ¡Cuídate! Tu concentración puede verse alterada por una mala higiene de vida. Así, evita los excesos de todo tipo cuidando tu régimen alimenticio y tu modo de vida. Ayúdate de la meditación para que el estrés tampoco interfiera en tu aprendizaje.
- Pon a prueba tu memoria. Los juegos de mesa, como el ajedrez o los crucigramas, ejercitan tu cerebro de forma lúdica. Si siempre practicas algo nuevo, pondrás tu memoria a prueba.

PREGUNTAS FRECUENTES

¿SON NORMALES LOS OLVIDOS?

Todos nos olvidamos de algo. El olvido es, incluso, fundamental, ya que permite que la memoria no se sature con los miles de estímulos que recibimos cada día. Así, separamos los datos que pueden resultarnos útiles —los que coinciden con nuestros intereses— y los que pueden eliminarse.

Sin embargo, no acordarse de una información no tiene por qué significar que esta ha desaparecido; puede que, simplemente, no haya sido recordada desde hace tiempo y que, por lo tanto, se encuentre sepultada bajo una montaña de recuerdos más recientes. Cuanto más busquemos y contextualicemos un dato para utilizarlo con regularidad, con más firmeza estará arraigado en nuestra memoria.

¿POR QUÉ ALGUNOS RECUERDOS NO SE OLVIDAN?

«Es como andar en bicicleta, no se olvida». En efecto, algunos recuerdos parecen inalterables sin que llevemos a cabo un esfuerzo consciente. Así, los aprendizajes sensoriomotores, como la bicicleta, la natación o la conducción nunca se olvidan por la simple y llana razón de que dependen de una memoria diferente a la que se encarga del conocimiento, de las palabras y de las imágenes. De hecho, esta última, llamada memoria declarativa, se opone a la memoria procedimental, vinculada a las costumbres motoras y a los automatismos. Estos automatismos, repetidos miles o millones de veces a lo largo de una vida, no se olvidan, aunque el nivel de rendimiento tiende a bajar con el paso del tiempo.

¿TODAS LAS MEMORIAS SON IGUALES?

No todos nacemos con el mismo número de neuronas. No obstante, ningún estudio científico ha demostrado a día de hoy que exista un gen específico de genios y superdotados. Sin embargo, parece que la infancia desempeña un papel fundamental en el desarrollo de la memoria. Cuanto más se encuentre un niño con un ambiente estimulante, en el que abunden los sonidos, los colores y los olores, más desarrollará su memoria, al atribuir un significado a cada dato. Este fenómeno se ve intensificado por las reacciones que su entorno ejercerá en presencia de estos estímulos. En fin, la memoria mejora con el uso y la ejercitación. Un individuo que tenga un bajo capital neuronal puede mejorar sensiblemente su memoria si la entrena. Por lo tanto, en este asunto no tiene cabida el fatalismo.

¿POR QUÉ TENGO QUE SEGUIR APRENDIENDO EN LA ERA DE INTERNET?

Cualquier persona que tenga acceso a internet puede obtener una gran cantidad de información de todo tipo. Por lo tanto, es normal que nos preguntemos si el aprendizaje «de memoria» de nombres, hechos o fechas todavía tiene sentido. ¿No sería más acertado aprender a buscar información de manera adecuada y a comprenderla en profundidad para poder descifrarla? En esta idea se basa el libro *Growing up digital* (2008), de Don Tapscott. En efecto, este último piensa que, al librarnos del aprendizaje —en el estricto sentido de la palabra— de acontecimientos factuales como las fechas, podemos concentrarnos en la comprensión del sentido profundo y del contexto vinculados a este hecho. No obstante, podríamos responderle fácilmente que, al igual que ocurre con la capacidad de perspectiva y de análisis, esta misma comprensión necesita prerrequisitos y una base de conocimiento que solo puede adquirirse a través del aprendizaje.

¿CÓMO DEBO PROCEDER PARA APRENDER MÁS FÁCILMENTE?

La calidad de tu aprendizaje depende en gran medida del conocimiento que tienes de ti mismo, de tus cualidades y de tus puntos débiles. Empieza por organizar tu trabajo y por fijarte objetivos que consideres razonables. Actúa como un estratega y elabora un plan de batalla. Reserva las tareas más fáciles para tus momentos de poca actividad y, cuando te sientas lo más en forma posible, concéntrate en las tareas más arduas. Estimula igualmente tu mejor memoria, ya sea oral o escrita, para optimizar tu tiempo de estudio. Para acabar, desarrolla y consolida tus técnicas personales.

¿CÓMO PUEDO EJERCITAR MI MEMORIA?

La práctica de actividades intelectuales y deportivas es esencial para ejercitar la memoria. La sociabilidad, el ocio y el juego generan intercambios que conservan los circuitos neuronales y, por lo tanto, mejoran la memoria. En este sentido, los diálogos y las interacciones sociales también resultan beneficiosos, ya que apelan a una especie de gimnasia mental. De esta manera, es importante que practiquemos con la mayor frecuencia posible actividades que estimulen la memoria y que las diversifiquemos al máximo.

TIENDO A OLVIDAR RÁPIDAMENTE LO QUE ACABAN DE DECIRME. ¿CÓMO PUEDO PONER REMEDIO A ESTA SITUACIÓN?

La repetición desempeña un papel esencial en la integración de información. Sin embargo, no tiene por qué aplicarse exactamente en el sentido estricto de la palabra. En efecto, aunque una repetición palabra por palabra puede dar sus frutos, apropiarse la información a través de la repetición con nuestras propias palabras o mediante la asociación con elementos personales, como nuestros amigos, nuestra familia o nuestra experiencia, aumenta la carga emocional de los datos recibidos, lo que también favorece su integración.

¡AHORA ES TU TURNO!

Ahora que la memoria ya no tiene ningún secreto para ti y que sabes cómo sacarle el mayor partido posible, ¡es hora de pasar a la acción! A continuación, presentamos algunos ejercicios y métodos cuyo objetivo es que te entrenes para recobrar una confianza plena en tus facultades cognitivas. Por supuesto, nuestro enfoque no es exhaustivo, y existen muchos otros ejercicios que pueden efectuarse día a día para mejorar nuestra memoria. Entre los clásicos, encontramos sobre todo los crucigramas, los autodefinidos, las adivinanzas en la prensa escrita o, incluso, algunos juegos en televisión. También pueden ayudarte otras costumbres más habituales, como la lectura o la escritura. Por lo general, tus ganas de aprender y tu curiosidad se convertirán en tus mejores aliadas.

USO FRECUENTE DE LA MEMORIA

Vuelve a descubrir el placer de aprender. Memoriza información que sea lo más variada posible y repite este ejercicio cuantas más veces mejor. Por ejemplo, memoriza:

- los diez números de teléfono que utilizas más a menudo;
- el número de tu documento nacional de identidad;
- las fechas de cumpleaños de tus diez mejores amigos y su matrícula de coche.

A intervalos regulares, juega a enumerar presidentes, reyes y capitales de todos los países de una región del mundo. Entrénate y retén un texto que te guste, empezando por una página que contenga un simple verso antes de incrementar la cantidad hasta aprender un texto por completo. Por supuesto, las bromas o las historias divertidas son una temática de aprendizaje ideal que te ayudará a mejorar tu memoria mientras alegras a tu entorno.

REPETICIÓN

Cuando desees retener un dato, intenta repetirlo después de un corto periodo de tiempo. Reitera la operación unas horas más tarde, al día siguiente, una semana después, para garantizar que lo has integrado. Así, observarás que la información se consolida y se arraiga a largo plazo.

APROPIACIÓN

Asocia los datos a números, lugares o nombres que aprecias para apropiártelos. Cuantos más vínculos establezcas entre lo que quieres o debes retener y tu jardín secreto, más eficaz resultará el aprendizaje. De esta manera, apuesta por las asociaciones con tus pasiones y tu día a día. Por ejemplo, si el nuevo código de acceso de tu trabajo es 3107, asócialo con la noche de San Silvestre (31) y el número de días de una semana (07). Para el vocabulario, intenta aprender por asociación con sinónimos. Para la información más compleja, reformula a tu manera en vez de intentar aprendértela de memoria. Puedes explicársela a un amigo o recitártela a ti mismo para favorecer la memorización.

CATEGORIZACIÓN

Cuando te encuentres frente a mucha información de todo tipo, intenta encontrar el punto en común para organizar el conjunto en categorías y subcategorías que te parezcan lógicas. Procede metódicamente para crear una clasificación que tenga sentido para ti. Por ejemplo, si estás estudiando la historia del siglo XX, reúne los acontecimientos que consideres que competen a la política comparándolos con aquellos que creas que incumben al ámbito cultural. Así, el año 1969 se vio marcado tanto por el estancamiento del conflicto en Vietnam, sobre todo con la batalla de la Colina de la Hamburguesa, como por el festival de Woodstock. Si algunos datos resultan más abstractos, básate en las primeras letras, las sílabas o las sonoridades para extraer las similitudes. Intenta también repetir estas distintas categorías en voz alta para integrarlas correctamente.

MÓNTATE TU PROPIA PELÍCULA

Si temes olvidarte de hacer algo, imagina que estás haciéndolo. Al igual que un director de cine, contextualiza al máximo la escena ayudándote de detalles. Para que te marque, no dudes en demostrar mucha imaginación, incluyendo anécdotas. Si te parece complicado estudiar el desarrollo de la jornada del 18 de junio de 1815, imagínate en la piel de Napoleón —o en la del duque de Wellington— con el mayor detalle posible.

¡Tu opinión nos interesa!
¡Deja un comentario en la página web de tu librería en línea,
y comparte tus favoritos en las redes sociales!

PARA IR MÁS ALLÁ

FUENTES BIBLIOGRÁFICAS

- Bléandonu, Gérard. 1995. *L'analyse des rêves et le regard mental*. Bruselas: Mardaga.
- Craik, Fergus I. M. y Endel Tulving. 1975. "Depth of processing and the retention of words in episodic memory". *Journal of Experimental Psychology*, vol. 104, n.º 3, 268-294.
- Duhamel, Amélie y Jean-Pierre Danjean. 2014. "7 questions sur la mémoire". *La Vie*. 16 de septiembre. Consultado el 29 de marzo de 2017. http://www.lavie.fr/famille/sante/7-questions-sur-la-memoire-16-09-2014-56187_414.php
- Gregoire, Carolyn. 2013. "Bonne mémoire: comment se souvenir de tout (ou presque)". *Le Huffpost*. 2 de octubre. Consultado el 29 de marzo de 2017. http://www.huffingtonpost.fr/2013/10/02/comment-se-souvenir-de-tout-ou-presque_n_4024207.html
- Lambert, Philippe. 2015. "Vieillissement cognitif: le poids de la nuit". *Tempo Digital*, n.º 61. Noviembre. Consultado el 29 de febrero de 2016. http://contentviewer.adobe.com/s/Tempo%20Digital/2fd3bd6f-5b71%E2%80%915351%E2%80%919f34%E2%80%9130ffba4298bb/Tempo_digital_61_FR/61_cover_fr.html
- Lavie, Peretz. 1998. *Le monde du sommeil*. París: Éditions Odile Jacob.
- Leconte, Pierre, Claire Beugnet-Lambert y Alain Lancry. 1988. *Chronopsychologie. Rythmes et activités humaines*. Villeneuve d'Ascq: Presses universitaires de Lille.

- Lieury, Alain. 2014. "Huit questions sur la mémoire". *Sciences Humaines*. 16 de octubre. Consultado el 29 de marzo de 2017. https://www.scienceshumaines.com/huit-questions-sur-la-memoire_fr_33378.html
- Pigani, Erik. 1998. "Cerveau: 10 questions pour vous rafraichir la mémoire". *Psychologies*. Octubre. Consultado el 29 de marzo de 2017. http://www.psychologies.com/Bien-etre/Prevention/Hygiene-de-vie/Articles-et-Dossiers/Cerveau-10-questions-pour-vous-rafraichir-la-memoire
- Raine, Lauren B., Hyun Kyu Lee, Brian J. Saliba, Laura Chaddock-Heyman, Charles H. Hillman y Arthur F. Kramer. 2013. "The influence of childhood aerobic fitness on learning and memory". *PLOS ONE*. 11 de septiembre. Consultado el 29 de marzo de 2017. http://journals.plos.org/plosone/article?id=10.1371/journal.pone.0072666
- Rogers, Timothy B., Nicholas A. Kuiper y W. S. Kirker. 1977. "Self-reference and the encoding of personal information". *Journal of Personality and Social Psychology*, vol. 35, n.º 9, 677-688. Septiembre.
- Schacter, Daniel L. 1996. *À la recherche de la mémoire. Le passé, l'esprit, le cerveau*. Bruselas: De Boeck Université.
- Sève, Marie-Madeleine. 2013. "Six exercices pour améliorer sa mémoire". *L'Express. L'Entreprise*. 22 de abril (actualizado el 28 de enero de 2016). Consultado el 29 de marzo de 2017. http://lentreprise.lexpress.fr/rh-management/efficacite-personnelle/six-exercices-pour-amelio-rer-sa-memoire_1518823.html

FUENTES COMPLEMENTARIAS

- Arden, John B. 2007. *Améliorer sa mémoire pour les nuls*. París: Éditions First.
- Chalvin, Marie-Joseph. 2009. *Apprendre mieux pour les nuls*. París: Éditions First.
- Conti, Nicolas. 2011. *Muscler son QI pour les nuls*. París: Éditions First.
- De Sainte Lorette, Patrick y Jo Marzé. 2004. *Tester et développer sa mémoire*. París: Eyrolles.
- O'Brien, Dominic. 2012. *Comment développer une mémoire extraordinaire*. París: Leduc.s.

en50MINUTOS.es
Historia
Economía y empresa
Coaching
Book Review
Salud y bienestar
EL DIAGRAMA DE ISHIKAWA
Material Método Máquina
Madre Naturaleza Medida Hombres
LA GUERRA DE PALESTINA DE 1948
DOMINA EL ARTE DEL NETWORKING
¡APRENDER NUNCA ANTES FUE TAN RÁPIDO!
www.en50minutos.es